ちょこっとから楽しむ

はじめての梅仕事

榎本美沙

山と渓谷社

はじめに

「梅ジュース、飲む?」
子どものころ、暑くなってくるとキーンッと冷やした梅ジュースを
家族で飲むのが日課でした。
夏といえば梅。
幼いころから季節の食べもののひとつに梅があり、
今でも梅ジュースはもちろん、
梅干しや梅を使ったスイーツに目がありません。

じめじめとした時季が近づいてくると天候とは裏腹に、
「もうすぐ梅仕事の季節……」と気持ちはワクワクしてきます。
毎年くり返している梅仕事ですが、自分に合うやり方や味を探せるのも、
手仕事ならでは。
梅の分量や塩と砂糖の加減、漬け方や道具も、
ちょっとずつ変えながらいい塩梅を見つける。
そんなふうに、わが家の味が生まれてきました。

「少量ずつ」「特別な道具を使わない」「甘さ控えめ」
これが、私の梅仕事の基本です。

まず作ったものを「食べなきゃ!」というプレッシャーが好きではないので、
少量ずつ仕込むように。
少し足りないくらいが、翌年の梅仕事へのワクワクにつながっています。

道具は樽の代わりにジッパーつきの保存袋を使ったり、
小さめの瓶を使ったり。
誰でも気楽に取り組める身近なものを選んでいます。
また私自身が、甘いものは大好きだけど甘すぎるのは苦手なので、
シロップやジャムは甘さ控えめに。
わが家で毎年欠かさず仕込む、「青梅のはちみつ漬け」や「はちみつ黒酢梅シロップ」
「すっぱい梅ジャム」は、毎年リピートしてくださる方も多いレシピです。

そして、仕込んだものを料理やお菓子に使って、
1年中楽しめるのも梅仕事のいいところ。
本の後半に私のお気に入りの梅レシピを紹介していますので、
そちらもぜひお試しください。

梅を余すことなく楽しめる、私の梅愛が詰まった一冊。
季節の手仕事として梅を愛で、旬の味覚を存分に味わってください。

この本を手に取っていただいた皆さまが、それぞれのお気に入りのレシピを見つけて、
毎年の梅仕事のお供にしていただけたら、とても幸せです。

榎本美沙

梅仕事は仕込んでいるときの楽しさもさることながら、
少しずつおいしく育っていく様子を眺めるのも幸せな時間です。
キッチンやリビングの棚には仕込んだ瓶を並べて、
「おいしくなってね」と念じながらお世話をすると、
出来上がったときの喜びもひとしおなのです。

私の梅ライフ

仕事柄、来客が多いこともあり、夏のおもてなしは梅づくし。
ウェルカムドリンクや撮影中のブレイクタイムの一杯に、
梅のソーダ割りや赤じそジュースを。
撮影後のおやつに梅スイーツをお出ししています。
その時季ならではの味わいなので、
喜んでもらえると「仕込んでよかった！」とうれしくなります。

もちろん、普段の料理にも梅は欠かせません。
自家製の梅干しは、料理をすっきりとした味わいにしたいとき、
味を引き締めたいときに重宝するので、わが家では年中、梅料理が登場します。
ちょっと疲れているかなと感じたときには、梅干しを1個パクリッ。
日々、梅から元気をもらっています。

梅のアロマに包まれながら、せっせと手を動かす梅仕事。なかでも完熟梅の芳醇な香りには癒やし効果があって毎年楽しみです。

二十四節気のひとつ「芒種」のころ。梅の実は日ごとに黄色みを増し、青梅から完熟梅へと梅仕事は続きます。

甘じょっぱい「青梅のはちみつ漬け」(p.18)は、お茶請けに。

梅干しを仕込むときに一緒に作る「赤じそシロップ」(p.30)は、色鮮やかで香りも豊か。水や炭酸水で割って初夏を彩るウェルカムドリンクに。

忙しいとき、気合いを入れたいとき、梅干しをほおばると「う〜ん、すっぱい!」と背筋がピンと伸びます。そのままでもよいですが、少しあぶった「焼き梅」(p.29)も元気の源に。甘みが欲しいときは「はちみつ梅」(p.29)をいただきます。手を入れていろいろな味わいを作り、気分に合わせて楽しんでいます。

Contents

はじめに …… 2
私の梅ライフ …… 4
本書の梅仕事について …… 8

梅仕事の基本のき …… 10
基本の材料と道具 …… 14
梅仕事カレンダー …… 15

おわりに …… 94

1章

榎本家の定番梅仕事

青梅のはちみつ漬け …… 18
梅干し …… 22

2章

青梅で梅仕事

カリカリ小梅 …… 34
ちょこっとさっぱり梅酒 …… 36
榎本家の梅シロップ2種 …… 38
・はちみつ黒酢梅シロップ
・ベーシックな梅シロップ
青梅の甘露煮 …… 40

3章

完熟梅で梅仕事

すっぱい梅ジャム …… 44
完熟梅のはちみつ漬け …… 46
ちょこっとまろやか梅酒 …… 48
完熟梅のみそ漬け …… 50

column 1
青梅のはちみつ漬けの副産物 …… 21
・青梅の種のめんつゆ・シロップのソーダ割り

column 2
梅干しをお茶請け、おつまみに …… 29
・はちみつ梅・焼き梅

column 3
赤じそで、もうひと仕事 …… 30
・赤じそシロップ

column 4
ちょこっと余った完熟梅の活用法 …… 52

4章

梅を楽しむレシピ

● **梅干し**を使って

鶏の梅唐揚げ …… 56

カリカリ豚の梅炒め …… 58

梅つくね …… 59

野菜たっぷり、鮭の梅南蛮漬け …… 60

梅しょうが焼き …… 62

梅干しの甘酒チャーシュー …… 63

ささみとオクラの梅春巻き …… 64

エリンギと梅の肉巻き …… 65

もやしの梅入り塩焼きそば …… 66

長いも梅ごはん …… 68

梅のおろしごま豆乳冷やしうどん …… 69

梅トマト …… 70

梅きゅう …… 70

アボカド梅オイル和え …… 71

厚揚げ梅みそ焼き …… 72

揚げなすの梅黒酢漬け …… 73

ゴーヤの梅ごま和え …… 74

梅しらすふりかけ …… 75

梅びしお …… 75

● **梅酢**を使って

鯛の梅酢ちらし寿司 …… 76

梅酢セビーチェ …… 78

ささみの梅酢焼き鳥 …… 79

セロリの梅酢ピクルス …… 80

梅酢ドレッシング …… 81

● **完熟梅のみそ漬け**を使って

かぶの梅みそ和え …… 82

豚肉とピーマンの梅みそ炒め …… 83

● **青梅のはちみつ漬け**を使って

青梅のタルタル …… 84

モロヘイヤと青梅のそうめん …… 85

● **ベーシックな梅シロップ**を使って

梅シロップシャーベット …… 86

梅シロップあんみつ …… 87

● **青梅の甘露煮**を使って

青梅ラッシー …… 88

青梅ゼリー …… 89

● **すっぱい梅ジャム**を使って

梅ジャムチーズケーキ …… 90

梅ジャムアイス …… 92

梅ジャムとクリームチーズのビスケットサンド …… 93

この本のレシピについて

●食べごろ（飲みごろ）、保存期間は目安です。

●小さじ1 = 5㎖、大さじ1 = 15㎖、1カップ = 200㎖です。

●4章で料理に使っている梅の保存食は、1〜3章に掲載したものです。
　梅干しは1個約20g、塩分約13％、梅酢は塩分約13％です。

●野菜は「洗う」「皮をむく」など下ごしらえの表記を省略しています。

●電子レンジの加熱時間は600Wを使用した場合の目安です。

●こしょうは粗びき黒こしょうを使用しています。

●オーブンやオーブントースターは機種によって多少の差が出ることがあります。

本書の梅仕事について

少量ずつ気軽にはじめられます

本書では、無理なく作れておいしく食べきれる、少量仕込みが基本です。少量なら、小梅、青梅、完熟梅と梅の旬を追ったいろいろな梅仕事にトライできて、新しい梅のおいしさに出合えます。お気に入りの味を見つけたら、次の年に倍量作ってみたり、自分に合う分量でお試しください。

少量なら大きな樽や保存瓶は不要。置き場所にも困りません

梅仕事の定番、梅干しや梅酒、シロップも少量仕込みだから、漬け物用の樽や果実酒用の大きな瓶は必要ありません。小さな瓶や保存容器なら場所をとらず、キッチンやリビングに置いてもじゃまになりません。

特別な道具を使わず、手軽に作れます

梅シロップと梅酒以外の漬け込むもの
は、ジッパーつきの保存袋を使用しま
す。保存袋を使うと密閉しやすいうえ、
袋の上からもんだり、重しを均等にか
けることができるので、塩などが行き
渡りやすくなります。その結果、梅酢
が早く上がって梅がしっかり浸かり、
失敗しづらいという利点もあります。

おいしく使いきるレシピで食べ飽きません

せっかくの梅仕事。副産物も含めて料
理やお菓子にと、おいしく使いきるレ
シピをご紹介しています。シロップや
ジャムは一般的なものより甘さ控えめ
に仕上げているので、梅本来のさわや
かな味が引き立ちます。

梅仕事の基本のき

梅仕事をはじめる前に、覚えておきたいのが梅の準備と下処理の仕方です。
面倒に思われがちですが、ポイントを押さえれば気楽に取り組めます。

本書で使う梅はこの3種

わが家の梅仕事は、
5月中旬ころから出回る青い「小梅」にはじまり、
熟す度合いが異なる「青梅」と「完熟梅」の
3種を使って、いろいろ仕込みます。
梅には南高梅をはじめ
たくさんの品種があるので、
好みの品種を取り寄せる楽しみもあります。

小梅 （出回り時期：5月中旬〜下旬）

名前のとおり小さな梅。熟す前の青くてかたいもの
をカリカリ小梅にします。早く漬かって干す必要が
ないので、はじめての梅仕事にぴったりです。

青梅 （出回り時期：5月下旬〜6月中旬）

熟す前に収穫した、実がかたい青い梅。若い実なら
ではのフレッシュな風味が持ち味で、梅酒や梅シ
ロップをさっぱり仕上げたいときに、またカリカリ
とした食感を楽しむはちみつ漬けなどにおすすめで
す。購入するときは、鮮やかな緑色で実がかたく、
産毛が生えそろったものを選びます。

完熟梅 （出回り時期：6月中旬〜7月上旬）

木なりで熟した実を収穫した梅。黄色く色づいた実
はやわらかく、フルーティーな甘い香りを放ってい
ます。梅干し作りには、しっかり熟した実を使用。
芳醇な香りと風味を生かして、ジャムやみそ漬け、
まろやか仕上げの梅酒にも。購入するときは傷がな
く、全体的に黄色みがかったものを選びます。

仕分け と 保存

生の梅はとってもデリケート。
購入した袋のまま室温で放置すると
すぐに傷んでカビが生えてきやすいので、
購入するさいはあらかじめ用途を決め、
すぐに作業ができるようにしておくと安心です。

傷んでいる完熟梅は サラダやジャムに!

傷んだ部分を切り取って、サラダ（p.53参照）や梅ジャム（p.44参照）でむだなく使いきります。

梅の実を選別したら すぐに作業できない場合は 新聞紙で包んで冷蔵庫へ

購入した梅は、まず袋や箱から出し、きれいな梅、傷んだ梅を仕分けします。傷や斑点、変色があるものが混ざっているときれいな梅まで傷んでしまうことがあるので、傷んだものはよけておきます。仕分けしたら次ページの下処理に取りかかりますが、すぐに作業できない場合は梅を新聞紙で包んで冷蔵庫の野菜室で保存してください。ただし、完熟梅は冷蔵でも傷みやすいので長期保存はNG。なるべく早く仕込みましょう。

熟しきっていない 完熟梅は追熟させる

購入した完熟梅の中に青い実が混ざっていたら、取り分けて追熟させてから使用します。梅をざるにのせて新聞紙をかぶせ、日が当たらない風通しのいいところに置き、1〜2日様子を見ながら黄色く熟すのを待ってください。追熟しすぎると実がくずれやすくなるので、長く置く必要はありません。

基本 の 下処理

1

やさしく洗う

小梅（青梅）　青梅　完熟梅

2

アク抜きをする

小梅（青梅）　青梅

大きめのボウルにたっぷりの水をはり、梅を入れてやさしく洗います。1個ずつゴシゴシとこする必要はありません。両手でボウルの底から梅をすくうようにコロコロとかき混ぜながら洗えばOK。梅は衝撃や摩擦に弱く、皮に傷が入ると変色やカビの原因になるので、とくに実がやわらかい完熟梅はやさしく扱いましょう。

梅は青いものほどアクを多く含んでいるため、青い小梅と青梅はたっぷりの水に浸してアク抜きをします。水に浸す時間は用途によって異なり、レシピに記載している時間（1時間〜ひと晩）を目安に行います。ただし、青梅でも梅シロップのように冷凍してから使う場合は、アク抜きの必要はありません。また、黄色く熟した完熟梅はアクが少ないので、こちらも水につけずに使います。

いよいよ梅仕事の事始め。これからいろいろな梅仕事をご紹介しますが、
基本的な梅の下処理の仕方は同じです。ポイントは梅をやさしく扱うこと。
この作業を終えれば、残りの作業は簡単です。

3
水けをふき取る

小梅(青梅)　　青梅　　完熟梅

4
ヘタを取る

小梅(青梅)　　青梅　　完熟梅

水に触れた梅は、ざるに上げて水をきり、てい
ねいに水けをふき取ります。梅に水けが残って
いるとカビや失敗の原因になるので、1個ずつ
手に取って、ペーパータオルで包むようにやさ
しくふき取ってください。水が残りやすいなり
口部分も忘れずに。くぼみにペーパータオルを
当ててしっかり押さえ、乾いたざるに並べます。

最後になり口の茶色いヘタを竹串で取り除きま
す。実を傷つけないように注意しながら、ヘタ
とくぼみの境目に竹串の先端を少し入れ、その
ままヘタをクイッと持ち上げるようにするとぽ
ろっと外れます。慣れてくるとぽろぽろと取れ
て作業が楽しくなりますよ。これで下処理は完
了です!

基本の材料と道具

わが家の梅仕事で愛用している材料と道具をご紹介。
すぐに仕込めるよう、準備をしておきます。

材料

塩

しっとりとした粗塩がおすすめ。精製されたサラサラしたものよりまろやかに仕上がり、梅の表面にしっかり付着して梅酢が早く上がる。

砂糖

氷砂糖とグラニュー糖を使い分け。どちらもすっきりとした甘さに仕上がるが、氷砂糖はゆっくり溶けながら浸透するので梅本来の風味が引き立つ。主に梅シロップと梅酒は氷砂糖、甘露煮とジャムはグラニュー糖を使用。

酒

アルコール度数20度以上の梅酒用日本酒とホワイトリカーがおすすめ。一般的な日本酒はアルコール度数20度以下が多いので、梅酒用を選ぶと安心。

はちみつ

梅とはちみつはわが家の定番の味。好みのはちみつでOKだが、アカシアやクローバーのようなさっぱりとしたもののほうが、梅の風味が引き立つ。

黒酢

さっぱりとしたタイプがおすすめ。種類によって風味が異なるので、好みのものでOK。

道具

ジッパーつき保存袋

厚手でジッパーが二重になった、液もれしにくい冷凍保存用の袋を選ぶ。サイズは大（27×28cm）と中（18×20cm）を使い分けて。

保存瓶

密閉性の高いパッキン＆クリップタイプやスクリュータイプのふたがおすすめ。本書では主に、容量500㎖〜1.5ℓのガラス瓶を使用。小さい瓶に小分けにしても。

バット

保存袋に入れた梅を仕込むさいに使う。サビにくいホーロー製で、梅を平らに広げられる約24×20×高さ4cmのものを2つ用意。

ざる

金属製は酸で傷んでしまうため、竹製のものを使用。土用干しには直径36cm前後の盆ざるがいい。吊り下げるタイプの干し網（p.27囲み参照）でも。

●そのほか梅の下処理に、竹串、ペーパータオル、大きめのボウルを使用。

梅仕事カレンダー

本書で使用する梅の出回り時期とそれぞれの梅仕事をまとめました。時季を逃さないように確認しつつ、事前に梅の販売先を調べて予約をしても。

＊梅の出回り時期は、その年の梅の実の生育状況や産地によって多少のズレが生じます。下表は、関西地方を基準にしています。

		出回り時期	梅仕事
5月	上旬		
	中旬	小梅(青梅) ・・・・・・・・・・	カリカリ小梅→p.34
	下旬	青梅 ・・・・・・・・・・	青梅のはちみつ漬け→p.18 青梅の種のめんつゆ→p.21 ちょこっとさっぱり梅酒→p.36 はちみつ黒酢梅シロップ→p.39 ベーシックな梅シロップ→p.39 青梅の甘露煮→p.40
6月	上旬		
	中旬	完熟梅 ・・・・・・・・・・	梅干し→p.22 塩漬け(6月中旬〜7月上旬)→土用干し(7月中旬〜8月上旬) すっぱい梅ジャム→p.44 梅ビネガー→p.45囲み 完熟梅のはちみつ漬け→p.46 ちょこっとまろやか梅酒→p.48 完熟梅のみそ漬け→p.50
	下旬		
7月	上旬		
	中旬	赤じそ ・・・・・・・・・・	梅干し→p.22 赤じそ漬け(6月中旬〜7月上旬) 赤じそシロップ→p.30
	下旬		

●保存瓶、保存容器の消毒の仕方

瓶や容器をきれいに洗って水けをしっかりふき取り、食品用アルコールスプレー、またはアルコール度数70度以上の酒をスプレー容器に入れて瓶の中と口まわり、ふた、外したパッキンに吹きかける。ペーパータオルでふき取って、自然乾燥させれば準備完了。

●重しについて

水を入れた500mlのペットボトル（1本500g）を重し代わりに使用。同じ大きさのバット（左ページ下参照）に重量分並べて梅の上にのせると、均等に重しがかかり手軽に早く漬けられる。500gまたは1kg入りの塩や砂糖の袋などでも代用可能。

1章

榎本家の定番梅仕事

農家さんに頼んでいた青梅が届いて、
まず最初に作るのが「青梅のはちみつ漬け」です。
1日漬ければ出来上がる手軽さで、塩とはちみつの甘じょっぱい味わいと
カリカリとした食感が、梅雨入り間際のじとっとした不快感を
吹き飛ばしてくれます。
青梅を割って種を取り除くのはちょっと手間ですが、コツをつかめば大丈夫。
漬けたシロップは炭酸で割って熱中症対策のドリンクに、種はめんつゆに。
梅仕事らしい副産物のお楽しみもついてくる、
はじめての梅仕事におすすめのわが家の味です。

そして黄色く熟した完熟梅が届くと、ぷっくりとしたきれいな実を選んで
「梅干し」に取りかかります。
わが家の梅干しは保存袋で漬けるお手軽レシピ。
それでいて失敗しづらく、自家製ならではの酸味と塩けも楽しめるので
毎年仕込まずにはいられません。
梅酢が上がったら、赤じそと一緒に漬けて土用干し。
ルビー色に染まった実がお日様の下でキラキラ輝く風景は、
梅雨明けの風物詩。
仕込んでから時間がたつとまろやかになり、
味の変化を楽しめるのもよいところです。
梅干しにもおいしい副産物があり、赤じそ漬けと梅酢は
梅干しとともにわが家の食卓を豊かにしてくれます。

3日で食べられる手軽さが魅力。
パリパリとした食感と甘じょっぱい味わいは、
暑さで疲れた体にしみ渡るおいしさです。
副産物のシロップは炭酸割りに、
取り除いた種はめんつゆに。
一石三鳥の梅仕事です。

青梅のはちみつ漬け

18

∘材料（容量800mℓの保存瓶1本分）

青梅 —— 500g

塩 —— 種を除いた梅の重さの12%（45〜50g）

はちみつ —— 400g

∘期間

・食べごろ／3日後から

・保存／冷蔵で2〜3カ月

●青梅の注意事項

未熟な青梅の種にはアミグダリンという毒が含まれていますが、成熟した青梅（種がかたくなっているもの）であれば種を除いた果肉を食べることに問題はなく、一度に大量に食べないかぎり、体への影響はないといわれています。気になる方は、2週間ほど漬けてから食べてください。

∘作り方

1 青梅はp.12〜13を参考に、水洗いしてたっぷりの水に3〜4時間浸してアクを抜く。水をきり、ペーパータオルで水けをていねいにふき取り、なり口のヘタを竹串で取る。

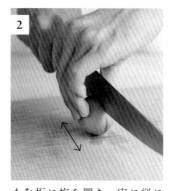

2 まな板に梅を置き、実に縦に入った線に沿って種に当たるまで包丁を入れ、そのまま実を転がして1周させ、切り込みを入れる。実が転がらないよう、上から指ではさむと安定する。
◎包丁を左右に倒して切り込みを広げるようにすると種がはずしやすくなる。

3 梅の実の向きはそのままで、小さめのまな板などかたくて平らな板をのせ、上から握りこぶしで強くたたく。梅の上下を逆にして同様にたたき、果肉を割る。

4 実に種が残っていたら、グレープフルーツスプーンなど先がギザギザになったスプーンでくり抜いて種を取り出す。

5 果肉と種に分ける。
◎種は「青梅の種のめんつゆ」（p.21）に活用。

6 種を除いた果肉の重さをはかり、重量の12%分の塩を用意する。

7

果肉をジッパーつき保存袋（中）に入れる。

8

6で用意した塩を加え、空気が抜けるようにジッパーの端を少しあけて口を閉じる。

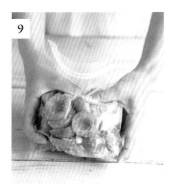

9

塩が全体になじむように袋の上から手でもみ込む。

10

バット（p.14下参照）に入れ、果肉を平らに広げて袋の空気を抜き、口をしっかり閉じる。

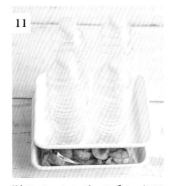

11

別のバットに2kgの重し（500mℓの水4本など）をのせ、10にのせて塩が溶けて果肉が少しやわらかくなるまで1〜2時間漬ける。

12

梅酢が上写真くらい出てきたら漬け終わり。

13

果肉をボウルを当てたざるにあけ、ペーパータオルで水けをふき取り、清潔な瓶（p.15下参照）に入れる。

14

はちみつを加える。

15

落としラップを敷き込んでふたを閉める。日が当たらない室内に置き、ときどき下にたまったはちみつをスプーンでかき混ぜる。3日後からが食べごろ。その後はラップを取って冷蔵で保存する。

column

1

青梅のはちみつ漬けの副産物

作る工程で取り除いた種も、漬け終わったシロップも余すことなく使いきります。

● 青梅の種のめんつゆ

香りのよい、さっぱりとした夏のめんつゆ。

○ 使い方
スプーンでつゆのみ、または、かつお節を一緒に
すくって、めんつゆや冷ややっこなどのたれに
使ってもおいしいです。つけつゆは、青梅の種の
めんつゆ2：水1。かけつゆは、青梅の種のめん
つゆ1：水1が目安。

○ 材料（容量400mℓの保存瓶1本分）
青梅の種
　（p.19の作り方5参照）
　　── 青梅500g分
かつお節 ── 8g
しょうゆ ── 1/2カップ
みりん（煮きったもの*）
　　── 1/2カップ
＊小鍋にみりんを入れて中火にかけ、
沸騰したら1分ほど煮立たせる。

○ 作り方

1 清潔な瓶（p.15下参照）に、青梅の種
とかつお節を入れ（**a**）、しょうゆとみり
んを加えて（**b**）、スプーンで混ぜて全
体をなじませる。

2 ふたをして冷蔵庫に入れ、1週間おく。
冷蔵で1カ月ほど保存可能。

● シロップのソーダ割り

甘ずっぱくてクセになる、夏バテ対策ジュース。

a　　　　　　　b

○ 使い方
氷を入れたグラスに青梅のはち
みつ漬けのシロップ適量を入れ、
炭酸水を注いでどうぞ！

梅干し

保存袋を使えば失敗しづらく、特別な道具も不要。
忙しい人、はじめての人にも、気軽に梅干しを作ってほしい！
と、毎年手直ししながらご紹介している少量で作るレシピです。
塩漬けから赤じそ漬け、土用干しまでの3つの工程を楽しんで。

∘ 材料（作りやすい分量）

 ＋

〈 塩漬け 〉（下記参照）

完熟梅 —— 1kg

塩 —— 130g（梅の重さの13%）

〈 赤じそ漬け 〉（p.24参照）

赤じそ（茎を除いた葉の重さ）—— 150 〜 200g

塩 —— 25g

∘ 期間

・食べごろ／土用干し後すぐ（2 〜 3カ月で味がなじむ）

・保存／冷蔵で1年以上

∘ 作り方

6月中旬 〜 7月上旬

塩漬け

完熟梅を塩漬けにする

梅に塩をまぶして2 〜 3日おき、梅のエキス（梅酢）が出るのを待ちます。梅が梅酢にしっかり浸かるとカビや雑菌がつく心配がなくなり、土用干しまで安心して保管できます。

1 完熟梅はp.12 〜 13を参考にやさしく洗い、水けをペーパータオルでていねいにふき取り、なり口のヘタを竹串で取る。

2 ジッパーつき保存袋（大）に、梅と塩漬け用の塩を交互に入れ、空気が抜けるようにジッパーの端を少しあけて口を閉じる。

3 塩が全体に行き渡るように袋の上から軽く手でもむ。バット（p.14下参照）に入れ、梅を平らに広げて袋の空気を抜き、口をしっかり閉じる。

4 別のバットに2kgの重し（500mℓの水4本など）をのせ、3にのせて日が当たらない室内に置く。

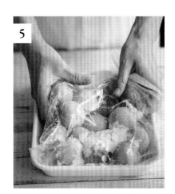

5 1日2 〜 3回、塩が行き渡るように袋ごと上下を返す。空気が入っていたらそのつど抜く。

 →

2～3日おくと梅酢が上がってくる。上写真のように梅がしっかり浸かるくらい梅酢が出たら、重しを半分にして日が当たらない室内に置く。

●カビが生えてきたときの対処法
スプーンなどでカビをていねいに取り除いて袋から梅を取り出し、焼酎やホワイトリカーなどを梅にまぶして消毒します。その後、新しい保存袋に梅酢とあわせて戻してください。

●梅酢が上がってこないときは
2～3日おいても梅酢が上がってこないときは、袋の上からもんだり、上下を返す頻度を増やしてください。梅が梅酢にしっかり浸かればカビの心配も少なくなります。

6月中旬 → 7月中旬

赤じそ漬け
赤じそを加える

塩漬けにした梅から梅酢が上がってきたら、塩でもみ込んでアクを抜いた赤じそを用意します。梅雨が明けるまで梅の塩漬けと一緒に漬け込むことで、色鮮やかな梅干しに仕上がります。

赤じそは葉を摘み、傷んでいる葉は除いて重さをはかり、150～200gに調節する。

大きめのボウルに水をはり、7の葉を入れてもみ洗いする。水をきり、ペーパータオルで水けをていねいにふき取る。

ボウルに入れて赤じそ漬け用の塩半量をまぶし、手でしっかりもみ込む。

水分（アク）が出て葉が小さくまとまってきたら、両手でぎゅっと絞ってアクを捨てる。

残りの塩をまぶして葉をほぐし、再度しっかりもみ込む。

12

再びぎゅっときつく絞り、出て
きたアクを捨てる。

13

6の保存袋から梅酢1/2～1
カップを取って加える。

14

菜箸で赤じそをほぐして混ぜ、
梅酢となじませる。

15

6の保存袋に汁ごと加え、梅の
上に赤じその葉を広げる。

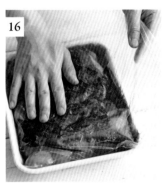

16

袋の上から手で押さえながら空
気を抜き、口をしっかり閉じる。

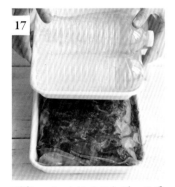

17

再度、バットにのせた2kgの重
し（500mlの水4本など）をのせ、
日が当たらない室内に置く。2
～3日に1回、袋ごと上下を返
し、梅雨が明けるまで置く。

約2週間後

2週間くらいで梅も梅酢も鮮やかなルビー色に染まる。

7月中旬 ～ 8月上旬

土用干し
天日に干して仕上げる

梅雨が明けたら、天気予報をチェックします。「夏の土用」は立秋前の18日間。日差しがいちばん強いこの期間に、晴天が3日間続く日を選んで天日干しを行います。

18

バットの上に盆ざるをのせて17の梅を取り出し、梅酢をきってくっつかないように並べる。

19

赤じそは梅酢を絞って取り出し、ほぐしながらざるに広げる。梅酢は保存袋に入れたまま室内で保管する。

20

ベランダなど風通しがよく、日の当たる場所に置いて干す。できれば日中に一度、梅と赤じその上下を返し、日が暮れる前に室内に取り込む。2日目も同様にする。

◎バットにざるをのせて干すと風が通りやすくなる。突然雨が降ったり、中日で天気が崩れたりして干せない場合は、連続して干さなくても大丈夫。合計で3日間天日に当てればOK。

◎梅がざるにくっついているときは、ざるの編み目に沿ってゆっくりはがすと皮が破れにくい。

「おいしくなってね」と念じながらお世話をします。

21

3日目も梅と赤じそは同様に干し、梅酢は保存袋に入れたまま一緒に干して殺菌する。日が暮れる前に梅酢だけ取り込み、梅と赤じそはそのまま置いて夜露に当てる。

●屋外に干せない場合
ベランダや庭に干すスペースがない場合、晴天に恵まれない場合は、風通しがよく日の当たる室内で3日間干してください。洗濯ネットや野菜干しネットなどにざるを置き、窓辺に吊るすのもおすすめです。昼間は扇風機で風を当てましょう。

before　　　　　*after*

22

翌朝、梅と赤じそを取り込めば終了。梅は少し小さくなって色が濃くなり、赤じそは水分が抜けて半分くらいにしぼむ。

干し上がりチェック

梅を手に取り、ほどよく皮がしっとりとして実がふっくらしていれば干し終わり。カラカラに干す必要はない。

23

梅を梅酢にくぐらせてから清潔
な瓶（p.15下参照）に入れ、冷
蔵庫で保存する。

梅干しと梅酢、
赤じそふりかけで
3つのお楽しみ！

お楽しみ
1

梅干しはすぐに食べられるが、
2〜3カ月おくと味がなじむ。
◎梅干しの活用レシピはp.56〜。

お楽しみ
2

23で残った梅酢は別の清潔な
瓶（p.15下参照）に入れる。冷
蔵で半年〜1年ほど保存可能。
調味料としてすし酢やピクルス
液、ドレッシングのほか、肉や
魚の臭み消しにもおすすめ。
◎右が赤梅酢、左が白梅酢（下記参照）。
梅酢の活用レシピはp.76〜。

お楽しみ
3

赤じそはふりかけにする。全量
をフードプロセッサーにかけて
粉砕し、清潔な瓶（p.15下参照）
に入れる。冷蔵で1年ほど保存
可能。
◎ごはんにふりかけたりおにぎりに混
ぜたり、野菜と和えてもおいしい。

memo

赤じそを使わない白干し梅ならさらに簡単！

塩漬けp.23の**1〜6**までを行い、
赤じそ漬けはせずに梅雨明けまで
日が当たらない室内に置き、土用
干しp.26の**18〜**と同様に塩漬け
梅のみで作業をして仕上げます。
白干し梅は梅も梅酢もナチュラル
な色に仕上がり、すっきりとした
味わいです。

梅干しをお茶請け、おつまみに

そのまま食べてもおいしい梅干しにちょっとだけ手をかけると、また違う味と出合えます。

● はちみつ梅

甘みを加えた甘ずっぱさが後引くおいしさ。
しっとり上品な梅干しに変わります。

○ 材料（作りやすい量）

梅干し —— 10個
みりん —— 80mℓ
はちみつ —— 150g

○ 作り方

1 ボウルに水1ℓ、塩小さじ1/3（分量外）を入れて塩を溶かし、梅干しを入れて1日おき、塩抜きをする。

2 水けをペーパータオルでしっかりふき取り、清潔な瓶（p.15下参照）に入れる。

3 小鍋にみりんを入れて中火にかけ、煮立ったら弱火で1分ほど加熱して煮切り、火を止めてはちみつを加えて溶かす。

4 2に3を注ぎ入れてふたをし、粗熱がとれたら冷蔵庫に入れて3〜4日おく。冷蔵で1カ月ほど保存可能。

● 焼き梅

焼くことで香ばしさがプラスされ、まろやかな風味に。
疲れたときにさっと焼いていただきます。

○ 材料（作りやすい量）

梅干し —— 好みの量

○ 作り方

1 魚焼きグリルなどにアルミホイルを敷き、梅干しをのせる。

2 3分ほど焼いてほどよく焼き色をつける。

赤じそで、もうひと仕事

梅干し作りに使う赤じそは、多めに購入してお楽しみをもう一品。
この時期だけの定番シロップを作ります。

赤じそシロップ

風味豊かで飲みやすく栄養豊富なシロップは、
炭酸水で割るとすっきりとした味わい。
夏のエナジードリンクにぴったりです。

。材料（容量500mlの保存瓶1本分）
赤じその葉(茎を除いた葉の重さ)── 200g
水 ── 1と1/2カップ
きび砂糖 ── 100g
りんご酢 ── 1/4カップ

。期間
・飲みごろ／作ってすぐから
・保存／冷蔵で1カ月ほど

memo

甘さは好みで調節可能

シロップは甘さ控えめに仕上げています。そのままでもすっきりとした甘みでおいしいですが、物足りないときは、好みではちみつや砂糖を加えて調節してください。

。作り方

ボウルに赤じその葉を入れて水洗いし、ざるに上げて水けをきる。

鍋に分量の水を入れて中火にかけ、沸騰したら赤じそを加えて菜箸で葉を押さえて湯に浸し、葉全体が緑色になるまで混ぜながら3分ほど煮出す。

ボウルを当てたざるにあけてこし、へらで葉を押さえながら汁を絞り出す。

熱いうちにきび砂糖を加え、しっかり混ぜて溶かす。

最後にりんご酢を加えて混ぜる。清潔な瓶（p.15下参照）に移し、冷ます。冷蔵で保存する。
◎甘さ控えめなのでなるべく早く使いきる。

2章

青梅で梅仕事

コロコロとした青梅が出回りはじめたら、いよいよ梅仕事のはじまりです。
産毛が生えた新鮮な青梅は、水に浸すと空気をまとって美しく輝きます。
しばらくうっとり眺めて、梅シーズンの訪れを喜びます。

まずは、ひと足早く届く可愛い小さな青い実で、カリカリ小梅を仕込みます。
卵の殻を使って食感よく仕上げる小梅は、
1週間ほどで漬け上がり、梅干しとはまた違った味わいです。
ちょこちょこつまみながら今年の梅仕事の計画を立てていると、
大きな青梅がシーズンを迎えます。
毎年欠かさず作っているのは、梅シロップと梅酒、そして甘露煮。
完熟梅でも作れますが、青梅で仕込むと
きりっとさわやかな味わいに仕上がります。

夫も私もお酒があまり強くないこともあり、梅酒はとくに少量仕込み。
「ちょこっと梅酒」と名づけて、小さな瓶に漬け込みます。
これなら気負わず飲めますし、完熟梅の梅酒や他の果実酒を仕込んで
飲み比べるのがわが家の楽しみ方です。
梅シロップも数種類。はちみつと黒酢で漬けたシロップは、
疲れたときに水で割って飲むとシャキッとします。
氷砂糖で仕込むベーシックなシロップはスイーツにも活用できて、
夏のおやつにもってこい。
そして、少し手間をかけて作る甘露煮は、旬ならではのお茶請けに。
ころんとした愛らしい形とすっきりとした味わいは、
おもてなしにも喜ばれます。

梅仕事のスタートを飾るのが小梅。

干す必要がないので、一般的な梅干しより手軽に作れます。

卵の殻を使うのがカリカリに仕上げるポイント。

刻んで麺や和えものに加えたり、用途はいろいろです。

カリカリ小梅

○材料（作りやすい分量）

　卵の殻 ── 1個分

　小梅（青梅）── 500g

　塩 ── 60g（梅の重さの12%）

　ホワイトリカー ── 大さじ2

○期間

・食べごろ／4〜5日後から

・保存／冷蔵で1年ほど

○作り方

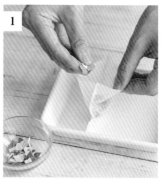

1

卵の殻はよく洗い、薄皮を除いて1時間以上天日に干す。手で小さく砕いてお茶用パックに入れる。

2

小梅はp.12〜13を参考に、水洗いしてたっぷりの水に1時間ほど浸してアクを抜く。水をきり、ペーパータオルで水けをふき取り、なり口のヘタを竹串で取る。ジッパーつき保存袋（大）に梅と塩を交互に入れる。

3

1を入れ、最後にホワイトリカーをふって、空気が抜けるようにジッパーの端を少しあけて口を閉じる。

4

全体がなじむように袋の上から手でもみ込む。

5

バット（p.14下参照）に入れ、梅を平らに広げて袋の空気を抜き、口をしっかり閉じる。別のバットに1kgの重し（500mℓの水2本など）をのせ、梅の上にのせる。日が当たらない室内に2〜3日置く。

◎1日1回、袋の上から手でもむ。

6

梅酢が上がったら卵の殻のパックを除き、清潔な瓶（p.15下参照）に入れて冷蔵で保存する。

容器に詰めるだけでおいしくなるから、
ついついたくさん作って何年もおいてある……。
梅酒のあるあるですね。
わが家では、少量で仕込む「ちょこっと梅酒」が定番です。
ちょこちょこ作れば、いろいろな梅仕事が楽しめますよ。

ちょこっとさっぱり梅酒

・材料（容量750mlの保存瓶1本分）

青梅 —— 200g

氷砂糖 —— 100g（梅の重さの50％）

梅酒用日本酒* —— 1と1/2カップ

*アルコール度数20度以上のもの。
焼酎やホワイトリカーでもOK。

・期間
・飲みごろ／半年後から
・保存／室温で1年以上

memo
好みのお酒に代えてもOK

お酒は梅酒用の日本酒以外にもホワイトリカーや焼酎など、好みのお酒に代えて試しても。アルコール度数20度以上であればどんなお酒でもOKです。さっぱり系で度数が高いジンやウオツカでも作れます。

・作り方

青梅はp.12～13を参考に、水洗いしてたっぷりの水に1時間ほど浸してアクを抜く。水をきり、ペーパータオルで水けをていねいにふき取り、なり口のヘタを竹串で取る。

清潔な瓶（p.15下参照）に、梅と氷砂糖を交互に入れる。

梅酒用日本酒を注いでふたを閉め、日が当たらない室内に置く。

漬けはじめは1日に2～3回、瓶を軽く揺すって氷砂糖を溶かす。3カ月後から飲みはじめられ、半年後から飲みごろに。1年後に実を取り出し（煮ものに加えて風味づけや臭み消しに再利用可）、室温で保存する。

榎本家の梅シロップ2種

1つは、元気が出る黒酢とはちみつの梅シロップ。
暑さが続く日、ちょっと疲れたときにおすすめです。
もう1つは、氷砂糖で漬け込むすっきりとした定番の味。
凍らせてシャーベットにしたり、スイーツにも使えます。

はちみつ黒酢梅シロップ

◦材料（容量1ℓの保存瓶1本分）

青梅 —— 500g

はちみつ —— 400g（梅の重さの80%）

黒酢 —— 1/2カップ

◦期間

・飲みごろ／2週間後から

・保存／冷蔵で1年ほど

◦作り方

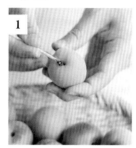

青梅はp.12〜13を参考に、水洗いしてペーパータオルで水けをふき取り、なり口のヘタを竹串で取る。

ジッパーつき保存袋(中)に入れてバット(p.14下参照)に平らに広げ、袋の空気を抜く。口を閉じ、冷凍庫に8時間以上入れて凍らせる。

◎冷凍することで発酵しにくくなり、浸透も早くなる。

冷凍庫から出し、清潔な瓶（p.15下参照）に梅を入れ、はちみつを加える。

黒酢を加えてふたを閉め、日が当たらない室内に置く。ときどき瓶を揺すって、下にたまったはちみつを全体に行き渡らせる。2週間後から飲みごろに。その後は冷蔵で保存する。

ベーシックな梅シロップ

◦材料（容量1.5ℓの保存瓶1本分）

青梅 —— 500g

氷砂糖 —— 500g（梅の重さと同量）

◦期間

・飲みごろ／2週間後から

・保存／冷蔵で1年ほど

◦作り方

青梅はp.12〜13を参考に、水洗いしてペーパータオルで水けをふき取り、なり口のヘタを竹串で取る。

ジッパーつき保存袋(中)に入れてバット(p.14下参照)に平らに広げ、袋の空気を抜く。口を閉じ、冷凍庫に8時間以上入れて凍らせる。

◎冷凍することで発酵しにくくなり、浸透も早くなる。

冷凍庫から出し、清潔な瓶（p.15下参照）に梅と氷砂糖を交互に入れる。

ふたを閉め、日が当たらない室内に置く。ときどき瓶を軽く揺すって、氷砂糖を溶かす。2週間後から飲みごろに。その後は冷蔵で保存する。

青梅の甘露煮

少し手間はかかりますが、そのぶん味も見た目も格別。
さっぱりとした上品な甘さで、果肉はやわらかくてみずみずしい。
ぜひ、旬のデザートとして楽しんでください。
余った甘露煮のシロップは炭酸水で割ったり、
凍らせてシャーベットにしてもおいしいですよ。

○材料（23×15×高さ7cmの保存容器1個分）

青梅 —— 500g

〈シロップ〉

水 —— 4カップ

グラニュー糖 —— 400g（梅の重さの80%）

○期間

・食べごろ／2〜3日後から

・保存／冷蔵で2カ月ほど

memo

おいしく保存するコツ

甘露煮はシロップに浸した状態で、不織布タイプのペーパータオルで覆って保存します。これで日もちするだけでなく、みずみずしさもキープできます。ほんのり梅風味のシロップは、炭酸水で割るなどして楽しめます。

○作り方

1

青梅はp.12〜13を参考に、水洗いしてたっぷりの水にひと晩浸してアクを除く。水をきり、ペーパータオルで水けをていねいにふき取り、なり口のヘタを竹串で取る。

2

梅全体に竹串を刺し、まんべんなく穴をあける。ホーローまたはステンレスの鍋に梅と梅がかぶる程度の水を入れる。

◎穴をあけることで煮くずれ防止に。

3

手で混ぜながら弱火でゆでる。湯が熱くなったら火を止め、鍋に梅を入れたまま湯を捨てて、梅がかぶる程度の水を入れ混ぜながら加熱する。これを2〜3回くり返し、最後はボウルに梅を取り出し湯を捨てる。

◎梅を傷つけないように、底からすくうように手で混ぜる。火傷に注意。

4

3の鍋に分量の水、グラニュー糖2/3量を入れて混ぜ、梅をやさしく戻し入れる。不織布タイプのペーパータオルを落としぶたにし、弱火で10分静かに煮る。

5

ペーパータオルの上から残りのグラニュー糖を加え、さらに10分煮て火を止め、そのまま冷ます。

◎ぐらぐら煮立たせると、梅の皮が破けるので注意。

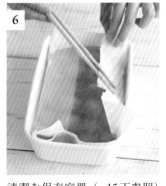

6

清潔な保存容器（p.15下参照）に梅を1個ずつ並べ入れる。シロップをひたひたに注ぎ、ペーパータオルで表面を覆い、冷蔵で保存する。すぐに食べられるが2〜3日おくと味がなじむ。

3 章

完 熟 梅 で 梅 仕 事

まるで桃のような甘い香りがふわり。

青梅の仕込みが一段落すると、黄色く熟した完熟梅の季節がやってきます。

梅が熟すころの長雨だから「梅雨」といいますが、

近ごろは、梅雨の期間は曖昧。でも、梅仕事を重ねていくと、

自然に季節の移り変わりを感じられるようになります。

完熟梅の手仕事は、仕込んでいる間の香りも楽しみのひとつ。

芳しい香りに包まれてうっとりしながら手を動かします。

青梅と同じように洗って、1個ずつなり口のヘタを取りますが、

青梅に比べて実がやわらかいので傷つけないようやさしく扱います。

梅干しのほかにわが家で欠かせないのは、「すっぱい梅ジャム」。

甘すぎるジャムが苦手な私は、市販の梅ジャムではなかなか満足できず、

砂糖を使わずにはちみつで作る甘さ控えめのジャムを作るようになりました。

サイトなどでレシピをご紹介したところ、

毎年くり返し作ってくださる方が多く、

仕事でご一緒したスタッフの方にも好評です。

青梅でご紹介している梅酒は、完熟梅で作るとまろやかに仕上がります。

こちらもちょこっとずつ仕込んで、飲み比べて楽しみます。

完熟梅のはちみつ漬けとみそ漬けは、びっくりするほど簡単なレシピ。

梅1個からでもおいしく作れるので、半端に余った完熟梅ははちみつ漬けや

みそ漬けに、傷んだ梅はジャムにと、今だけの旬の味覚を大切に使います。

すっぱい梅ジャム

砂糖を使わず、はちみつで甘さ控えめに。
梅らしいすっぱさがクセになる夏の定番ジャムです。
ヨーグルトにたっぷりかけたり、クリームチーズと合わせたり。
梅干し作りの過程で取り除いた、傷がある梅でもおいしく作れますよ。

◦ 材料（容量500mℓの保存瓶3本分）
完熟梅 —— 1kg
はちみつ —— 種を除いた
　梅の重さの60%（350〜480g）

◦ 期間
・食べごろ／作ってすぐ
・保存／冷蔵で3週間、冷凍で3カ月ほど

memo

残った種は香り高い「梅ビネガー」に

清潔な瓶（p.15下参照）に梅の種と種がかぶる程度の酢を注ぎ、1週間冷蔵庫に入れ、種を除いて料理に使います。ドレッシングに加えたり、すし酢代わりにしても。冷蔵で2カ月ほど保存可能。

◦ 作り方

1

完熟梅はp.12〜13を参考にやさしく洗い、水けをペーパータオルでていねいにふき取り、なり口のヘタを竹串で取る。

2

ホーロー鍋に梅と梅がかぶる程度の水を入れて中火にかける。煮立ったら弱火にし、ときどき混ぜながら10〜13分ゆでる。

3

ざるに上げて水けをきり、箸で果肉に切り目を入れて冷ます。

◎冷ますための切り目なので、きれいに入れなくてOK。箸を種に当たるまで入れて手早く行う。

4

手で実をつぶしながら種を除き、ボウルに果肉を入れる（中心部分が熱いので火傷に注意）。果肉の重さをはかり、重量の60%分のはちみつを用意する。

◎事前にボウルの重さをはかっておけば、総重量からボウルの重さを引いて果肉の重さを出せる。

5

鍋に果肉を戻し入れて弱めの中火にかける。木べらで混ぜながら、とろみがつくまで10〜15分ほど煮て火を止める。

◎ジャムが飛び跳ねる場合があるので注意。

6

熱いうちに4のはちみつを加えて混ぜ、清潔な瓶（p.15下参照）に入れてふたを閉める。冷めたら冷蔵で保存する。

凍らせてはちみつに漬けるだけ。
梅の実はおやつやお茶請けに、
シロップは炭酸水や水、お湯割りでどうぞ。
余っている梅を使って好みの分量で作れます。

完熟梅のはちみつ漬け

○材料（作りやすい分量）
完熟梅 —— 250g
はちみつ —— 250g（梅の重さと同量）

○期間
・食べごろ／1週間後から
・保存／冷蔵で梅は2週間、
シロップは2カ月ほど

memo

シロップはお湯で割ってもおいしい

シロップは炭酸水だけでなく、お湯割りもおすすめです。エアコンで冷えた体や疲れを、ほっこりと漂う梅の香りと甘ずっぱさが癒やしてくれます。実を入れてくずしながら飲んでも。

○作り方

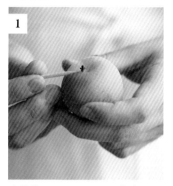

1
完熟梅はp.12〜13を参考にやさしく洗い、水けをペーパータオルでていねいにふき取り、なり口のヘタを竹串で取る。

2
ジッパーつき保存袋（中）に入れ、袋の空気を抜いて口を閉じる。バット（p.14下参照）に入れ、冷凍庫に8時間以上入れて凍らせる。

◎冷凍することで発酵しにくくなり、浸透も早くなる。

3
冷凍庫から出してはちみつを加える。

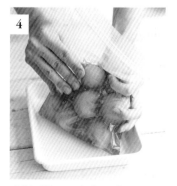

4
空気が抜けるようにジッパーの端を少しあけて袋の口を閉じる。はちみつが全体に行き渡るように、袋の上から手でやさしくもむ。

5
バット（p.14下参照）に入れ、梅を平らに広げて袋の空気を抜き、口をしっかり閉じる。日が当たらない室内に1週間ほど置く。

6
はちみつが全体に行き渡るようにときどき袋の上下を返し、1週間たったら清潔な瓶（p.15下参照）に移して冷蔵で保存する。

ちょこっとまろやか梅酒

青梅で作る「ちょこっとさっぱり梅酒」と同様に
少量の完熟梅で仕込みます。
完熟梅とはちみつの組み合わせでまろやかな味わいに。
ロックはもちろん、お湯割りもおすすめです。

◦材料（容量750mℓの保存瓶1本分）

完熟梅 —— 200g

はちみつ —— 100g

梅酒用日本酒* —— 1と1/2カップ

＊アルコール度数20度以上のもの。
焼酎やホワイトリカーでもOK。

◦期間
・飲みごろ／半年後から
・保存／室温で1年以上

◦作り方

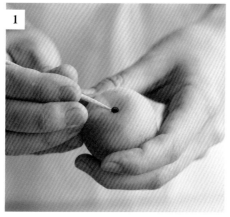

完熟梅はp.12～13を参考にやさしく洗い、
水けをペーパータオルでていねいにふき取り、
なり口のヘタを竹串で取る。

清潔な瓶（p.15下参照）に、梅とはちみつを
入れる。

梅酒用日本酒を注いでふたを閉め、日が当た
らない室内に置く。

漬けはじめは1日に2～3回、底に沈んだは
ちみつを溶かすように瓶を軽く揺する。3カ
月後から飲みはじめられ、半年後から飲みご
ろに。1年後に実を取り出し（煮ものに加え
て風味づけや臭み消しに再利用可）、室温で
保存する。

完熟梅のみそ漬け

みそに漬けるだけの簡単な梅仕事。
実はお茶請けやちびちびとおつまみに。
ほどよい酸味とフルーティーな風味のみそは、
マリネなどの和えものにぴったりです。

∘ 材料（作りやすい分量）

完熟梅 —— 250g

みそ* —— 100g

はちみつ —— 50g

＊信州みそなどクセのないものがおすすめ。

∘ 期間

・食べごろ／2週間後から

・保存／冷蔵で2週間ほど

memo

梅の実も調味料感覚で気軽に使用

そのままちびちびと食べてもおいしい梅の実は、刻んで冷ややっこにのせたり、和えものに混ぜたり、みそ床と一緒に料理に使うのもおすすめです。p.82〜83で活用レシピをご紹介しています。

∘ 作り方

1

完熟梅はp.12〜13を参考にやさしく洗い、水けをペーパータオルでていねいにふき取り、なり口のヘタを竹串で取る。

2

ジッパーつき保存袋（中）に、みそとはちみつを入れる。

3

袋の上から手でもみ込んで、みそとはちみつを混ぜる。

4

梅を加えて、空気が抜けるようにジッパーの端を少しあけて口を閉じる。

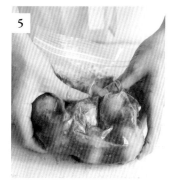

5

梅とみそがなじむように袋の上から手で軽くもみ、空気を抜いて口をしっかり閉じ、冷蔵庫に2週間ほど入れる。

◎ 梅酢が出て、みそが徐々に液状になる。

6

2週間たったら清潔な保存容器（p.15下参照）に移し、そのまま冷蔵で保存する。

ちょこっと余った完熟梅の活用法

梅仕事をしていると傷んでいたり、計量して数個だけ残ったり。
そんな半端に余った完熟梅でも、わが家ではおいしく楽しみます。

傷んでいる梅、半端に余った梅が出てきたら……。

捨ててしまうのはもったいない！
せっかくの梅、ぜひ余さず使ってくださいね。

● 完熟梅は生でも食べられます

塩や砂糖に長期間漬けたり、加熱したり、加工して食べることが多い梅ですが、じつはしっかり熟した完熟梅は生でも食べられます。

全体に黄色く色づいて果肉がやわらかくなり、桃のような芳醇な甘い香りがしたら熟しているサイン。青みがかっているものは追熟して（p.11下）から食べてくださいね。

香りはとっても甘いですが、実際に食べるとほどよく酸味があり、さっぱりとした味わい。このギャップも生の梅ならではです。

この味を生かしてわが家では、半端に余ったり、傷んだ部分を切り取った完熟梅をサラダにします。作り方はとっても簡単。完熟梅2個の種を取って食べやすい大きさに切り、レタスやきゅうり、スプラウトなど好みの野菜適量と合わせ、ドレッシングで和えるだけ。ドレッシングは2人分で、オリーブオイル小さじ4、白ワインビネガー小さじ2、砂糖小さじ1/2、塩・こしょう各少々を混ぜ合わせた、シンプルなものがおすすめです。

傷んでいる部分があったら
包丁で切り落とせば
おいしく食べられます。

● ちょこっと漬けもおすすめです

半端に余った梅は、1個から作れる「完熟梅のはちみつ漬け」（p.46）や「完熟梅のみそ漬け」（p.50）のちょこっと漬けにして、自分用のおやつやお茶請けに。冷蔵庫に入れて、密かな楽しみにしています。傷んだ部分を切り取った梅は「すっぱい梅ジャム」にも使えるので、捨てずにおいしく活用してください。

4章

梅を楽しむレシピ

梅の時期に愛情を込めてせっせと仕込んだ梅仕事は、
料理やお菓子にも活用してたっぷりと味わいたいもの。

とくに梅干しは夏にかぎらず、わが家の食卓に登場します。
少し疲れたときや食欲がないときに、
実を小さくちぎって料理に加えると、さっぱりといただけます。
特別な料理でなくても、唐揚げやつくね、
しょうが焼きなどのおかずはもちろん、炊き込みごはんや焼きそばなど、
普段の料理にプラスするだけで、また違う味わいに。
梅干しの酸味で味がきゅっと締まるうえ、梅パワーの恩恵で
食べると元気になれる本当に頼りになる存在です。

梅干しの副産物「梅酢」も、じつは万能な調味料。
おにぎりを握るときの手水に使えば、軽やかな味わいに。
殺菌効果があるのでお弁当にもおすすめです。
肉や魚にふりかけると臭み消しになりますし、すし酢代わりに、
和えものやピクルスの漬け汁に、ドレッシングにと幅広く使えます。
赤梅酢は鮮やかな色も魅力です。

梅シロップ、梅ジャム、青梅の甘露煮などは夏のおやつにも。
梅シロップを蜜代わりにするあんみつや、
混ぜるだけで作れる梅ジャムアイス、見た目も美しい青梅ゼリー……。
冷たいおやつからチーズケーキなどの焼き菓子まで、
さっぱりといただける梅スイーツは暑気払いにぴったりです。

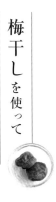

梅干しを使って

鶏の梅唐揚げ

ちぎった梅干しをまとわせたさっぱり唐揚げ。
片栗粉をまぶして二度揚げすることで
さっくり&ジューシーに仕上がります。

・材料（2人分）

鶏もも肉 —— 2枚(500g)

A　塩麹、酒 —— 各大さじ1
　　にんにく(すりおろす) —— 1片

梅干し*(p.22) —— 2個

薄力粉 —— 大さじ2

片栗粉 —— 適量

揚げ油 —— 適量

*1個当たり20g、塩分13%のものを使用。

・作り方

1　鶏肉は一口大に切ってポリ袋に入れ、**A**を加えて袋の上から手でよくもみ込む。袋の口を結んで冷蔵庫に入れ、30分以上おく（ひと晩おくとよりおいしい）。

2　梅干しは果肉を手で細かくちぎり、種を除く。

3　**1**を冷蔵庫から出して袋の口を開き、薄力粉、**2**を加え、袋の上から手でもみ込む。

4　鶏肉を取り出して片栗粉をまぶし、180℃に熱した揚げ油で3分ほど揚げる。一度取り出して3分ほど休ませ、油の温度を200℃に上げ、再度30秒〜1分、鶏肉が空気に触れるよう混ぜながら揚げる。油をきって器に盛る。

◎空気に触れると衣がカリッとするので、最後は鶏肉を油から出したり入れたりしながら揚げる。

● 梅干しの使い分けのコツ

梅干しは種を除き、果肉を手で細かくちぎる（写真右）とほどよく存在感が出て味のアクセントに。包丁でたたきペースト状にする（写真左）と、味のなじみがよくなります。

カリカリ豚の梅炒め

香ばしく焼いた豚肉と梅干しのおいしいコラボレーション。
たっぷりのシャキシャキ水菜と一緒にどうぞ！

◦材料（2人分）

豚こま切れ肉 —— 250g

片栗粉 —— 大さじ1

梅干し *(p.22) —— 2個

オリーブ油 —— 大さじ3

水菜（3〜4cm長さに切る）—— 1/4束（50g）

こしょう —— 少々

＊1個当たり20g、塩分13%のものを使用。

◦作り方

1 豚肉は片栗粉をまぶす。梅干しは果肉を手で細かくちぎり、種を除く。

2 フライパンにオリーブ油を入れて中火で熱し、**1** の豚肉を広げ入れる。あまり触らずに両面に焼き色をつけ、カリッとしたら余分な油をペーパータオルでふき取る。**1**の梅干しを加え、さっと炒め合わせる。

3 器に水菜を盛り、**2**をのせてこしょうをふる。

梅つくね

肉だねにちぎった梅干しと青じそを練り込んださっぱり味。
ごはんにもお酒にも合う、家族みんなが喜ぶ一品です。

・材料（2人分）

梅干し＊(p.22) —— 1個

鶏ひき肉 —— 200g

長ねぎ(みじん切り) —— 10cm分

A｜みそ —— 小さじ1
　｜こしょう —— 少々

青じそ(手で細かくちぎる) —— 4枚

サラダ油 —— 小さじ2

ししとうがらし(竹串で数カ所穴をあける)
　　　　—— 8本

酒 —— 大さじ1

＊1個当たり20g、塩分13％のものを使用。

・作り方

1 梅干しは果肉を手で細かくちぎり、種を除く。

2 ボウルにひき肉、長ねぎ、**A**を入れてよく練り混
ぜる。粘りが出てきたら、**1**、青じそを加えてさっ
と混ぜ、6等分にする。手にサラダ油少々(分量外)
を塗って円形に成形する。

3 フライパンにサラダ油を入れて弱めの中火で熱し、
2、ししとうがらしを並べ入れて片面1〜2分ず
つ焼く。ししとうがらしは焼けたら取り出して器
に盛る。

4 酒を加えて弱火にし、ふたをして2〜3分蒸し焼
きにして**3**に盛り合わせる。

野菜たっぷり、鮭の梅南蛮漬け

野菜たっぷり、揚げずに作るお手軽南蛮漬け。
だしのやさしい風味と梅干しの酸味、すだちのさわやかな香りで、
暑い日でもパクパク食べられます。

味がなじめば食べられま
すが、冷蔵庫でしっかり
冷やしてもおいしいです。

。材料（2〜3人分）

生鮭 —— 2切れ

薄力粉 —— 適量

梅干し*(p.22) —— 2個

A｜だし** —— 3/4カップ

　｜しょうゆ、黒酢 —— 各大さじ1と1/2

　｜みりん(煮きったもの***) —— 大さじ1

　｜赤唐辛子(小口切り) —— 1/2本分

サラダ油 —— 大さじ2

紫玉ねぎ(縦薄切り) —— 1/2個分

にんじん(細切り) —— 1/4本分

すだち(輪切り) —— 2個分

*1個当たり20g、塩分13%のものを使用。

**好みのだしでOK。

***耐熱容器に入れ、ラップをかけずに
電子レンジで40〜50秒加熱する。

。作り方

1　鮭は1切れをそれぞれ3等分に切り、薄力粉を薄
くまぶす。

2　梅干しは果肉を手で細かくちぎり、種は除いて
取っておく。

3　保存容器に**A**を入れて混ぜ合わせ、**2**の果肉と種
を加える。

4　フライパンにサラダ油を入れて中火で熱し、**1**を
並べ入れる。片面約2分ずつ焼いて火を通し、熱
いうちに**3**に入れる。

5　鮭の上に紫玉ねぎ、にんじん、すだちをのせて落
としラップを敷き込み、15分ほどおいて味をな
じませて器に盛る。

梅しょうが焼き

梅干しとしょうがのダブル効果で
豚肉のクセが抑えられて上品な味わいに。

○材料（2人分）

梅干し*(p.22) —— 1個

しょうが（皮ごとすりおろす）—— 1片

玉ねぎ（半分は縦5mm幅の薄切り、残りはすりおろし）
—— 1/2個分

A ┃ しょうゆ、酒、はちみつ
　 ┃ —— 各大さじ1

豚ロース肉（しょうが焼き用／筋を切る）—— 200g

サラダ油 —— 小さじ2

キャベツ、青じそ（各せん切り）—— 各適量

*1個当たり20g、塩分13%のものを使用。

○作り方

1　梅干しは果肉を手で細かくちぎり、種を除く。

2　ボウルにしょうが、すりおろした玉ねぎ、1、A
　を入れて混ぜ、豚肉を加えてからめてラップをし、
　冷蔵庫に入れて30分以上おく。途中、豚肉の上
　下を返す。

3　フライパンにサラダ油を入れて中火で熱し、薄切
　りにした玉ねぎを炒める。しんなりしたら端に寄
　せて弱めの中火にし、冷蔵庫から出した2を汁け
　を軽くきって広げて入れ（漬け汁は取っておく）、
　両面を焼いて玉ねぎとともに取り出す。

4　フライパンに3の漬け汁を入れて中火にかけ、ひ
　と煮立ちしたら3を戻し入れてからませる。

5　キャベツと青じそを混ぜ合わせて器に盛り、4を
　盛りつける。

梅干しの甘酒チャーシュー

甘酒と梅干しを種とともに煮込み、しっとりやわらかな食感に。
冷ましている間にも味がしみておいしくなります。

○材料（3〜4人分）

豚肩ロースかたまり肉
　　（厚さ5cm程度のもの）—— 500g

甘酒（ストレートタイプ）—— 大さじ4

A｜みそ、しょうゆ —— 各大さじ1
　｜しょうが（薄切り）—— 3枚
　｜長ねぎの青い部分（あれば）—— 1本分

梅干し＊(p.22) —— 2個

サラダ油 —— 大さじ1

水 —— 1/2カップ

香菜（ざく切り）、白髪ねぎ —— 各適量

＊1個当たり20g、塩分13％のものを使用。

○作り方

1　豚肉は全体にフォークをまんべんなく刺し、ジッパーつき保存袋に入れる。甘酒、**A**を加えて袋の上から手でもみ込む。空気を抜いて口を閉じ、冷蔵庫に入れて1時間以上おく（ひと晩おくとよりおいしい）。

2　梅干しは果肉を手で細かくちぎり、種は除いて取っておく。

3　フライパンにサラダ油を入れて中火で熱し、冷蔵庫から出した**1**を汁けをきって入れる（漬け汁は取っておく）。全面に焼き色がつくように、転がしながら3〜4分焼く。

4　分量の水、**3**の漬け汁、**2**の果肉と種を加え、煮立ったら弱火にしてふたをして8分煮る。豚肉の上下を返し、ふたをしてさらに8分煮る。別の耐熱の保存袋に煮汁ごと入れて口を閉じ、粗熱をとる。
　◎冷ます工程で全体に味がしみるよう、保存袋に移す。

5　取り出した**4**の豚肉を薄切りにして器に盛り、煮汁をかけ、香菜と白髪ねぎを添える。

ささみとオクラの梅春巻き

ささみを梅干し入りのたれで味をつけてから巻いて揚げる
さっぱりとした和風の春巻きです。

◦材料（2〜3人分）

鶏ささみ（筋を取る）—— 4本(200g)

A ┌ みそ —— 小さじ1
  │ **梅干し**＊(p.22／果肉を手で細かくちぎり、
  │   種を除く) —— 1個
  └ みりん —— 小さじ1/2

春巻きの皮 —— 8枚

オクラ（ガクのまわりをむく）—— 8本

水溶き薄力粉（同量の水で溶く）—— 適量

サラダ油 —— 適量

＊1個当たり20g、塩分13%のものを使用。

◦作り方

1　ささみは縦半分に切る。ボウルにAを入れて混ぜ合わせ、ささみを加えてからめる。

2　春巻きの皮は角を手前にして広げ、1の1/8量、オクラ1本をのせて両端を折り込んで巻く。巻き終わりに水溶き薄力粉つけて留める。残りも同様に巻いて計8本作る。

3　フライパンにサラダ油を1.5cm深さに入れ、180℃に熱する。2の巻き終わりを下にして並べ入れ、転がしながら4〜5分揚げ焼きにして油をきる。

4　食べやすい大きさに切り、器に盛る。

エリンギと梅の肉巻き

甘じょっぱいたれと肉に巻き込んだ梅ペーストが
あとひくおいしさ。ごはんがすすみます。

◦材料（2人分）

梅干し*(p.22) —— 1個
豚ロース薄切り肉 —— 8枚
エリンギ(縦四つ割り) —— 2本分
片栗粉 —— 適量
サラダ油 —— 小さじ2
A｜しょうゆ、はちみつ —— 各小さじ1
　｜みりん —— 小さじ2

＊1個当たり20g、塩分13%のものを使用。

◦作り方

1　梅干しは種を除いて包丁で果肉をたたき、8等分
　する。

2　豚肉1枚にエリンギ1切れ、**1**の1/8量をのせて
　巻く。残りも同様に巻いて計8本作り、それぞれ
　片栗粉を薄くまぶす。

3　フライパンにサラダ油を入れて中火で熱し、**2**の
　巻き終わりを下にして並べる。1分ほど焼いたら、
　転がしながら2〜3分焼いて焼き色をつける。

4　弱火にしてふたをし、3分ほど蒸し焼きにする。
　余分な油をふき取り、合わせて混ぜた**A**を加え
　てからめ、器に盛る。

もやしの梅入り塩焼きそば

たっぷりのもやしでボリューム満点。
梅干しの塩味と酸味で味をまとめる
夏にぴったりのシンプルな焼きそばです。

◦材料（2人分）

中華蒸し麺 —— 2玉

梅干し*(p.22) —— 2個

サラダ油 —— 小さじ2

豚こま切れ肉 —— 150g

もやし —— 1袋（250g）

A｜酒 —— 大さじ1
　｜中華スープの素 —— 小さじ1
　｜水 —— 大さじ1

こしょう、香菜（ざく切り）—— 各適量

＊1個当たり20g、塩分13%のものを使用。

◦作り方

1 中華蒸し麺は耐熱皿にのせてふんわりとラップを
かけ、電子レンジで1分ほど加熱してほぐす。

2 梅干しは果肉を手で細かくちぎり、種を除く。

3 フライパンにサラダ油を入れて中火で熱し、豚肉
を加えて炒める。肉の色が変わったらもやしを加
え、さっと炒めて取り出す。

4 フライパンに**1**を入れ、中火で1〜2分炒める。
合わせて混ぜた**A**を加えて炒め、**3**を戻し入れる。
2を加えてさっと炒め合わせ、器に盛り、こしょ
うをふって香菜を添える。

長いも梅ごはん

梅干しのほどよい塩けと酸味、長いものねっとり感が
ごはんのおいしさを引き立てます。

∘材料（作りやすい分量）

米 —— 2合

梅干し*(p.22) —— 2個

A｜しょうゆ、酒、みりん —— 各大さじ1

だし** —— 1と1/2カップ程度

長いも（皮ごと1cm厚さの半月切り）—— 300g

三つ葉（ざく切り）——適量

＊1個当たり20g、塩分13%のものを使用。

＊＊好みのだしでOK。

∘作り方

1 米は洗って30分浸水させ、ざるに上げて水けを
きる。

2 梅干しは果肉を手で細かくちぎり、種を除く。

3 炊飯器の内釜に**1**、**A**を入れ、2合の目盛りまでだ
しを加えて軽く混ぜ、長いもをのせて普通に炊く。

4 炊き上がったら**2**を加え、長いもをさっくりと崩
しながら混ぜる。器に盛り、三つ葉を添える。

梅のおろしごま豆乳冷やしうどん

ごまと豆乳のまろやかなたれに
梅干しと大根おろし、きゅうりのさっぱり具材をのせて。

○材料（2人分）

きゅうり（縦半分に切って斜め薄切り）
　　—— 1/2本分

〈たれ〉

　無調整豆乳 —— 1カップ
　めんつゆ（3倍濃縮）、白すりごま
　　—— 各大さじ2

油揚げ —— 1/2枚

うどん（冷凍）—— 2玉

大根おろし（軽く水けを絞る）—— 100g

梅干し＊(p.22) —— 2個

＊1個当たり20g、塩分13%のものを使用。

○作り方

1　きゅうりは塩ひとつまみ（分量外）をもみ込み、5分おいて水けを絞る。ボウルにたれの材料を合わせて混ぜる。

2　油揚げは魚焼きグリルなどでカリッと焼き、縦半分に切ってから横1cm幅に切る。

3　うどんは袋の表示どおりに加熱し、流水で冷やしてもみ洗いする。

4　器に3を盛り、1のたれをかける。大根おろし、1のきゅうり、2、梅干しをのせる。

◎好みで白すりごま適量を散らしてもおいしい。

梅トマト

トマトと梅干しを和えるだけで
さわやかなひと皿に。

◦材料（2人分）

梅干し＊（p.22）—— 2個

トマト（一口大のくし形切り）

　　—— 小2個分（200g）

オリーブ油 —— 適量

＊1個当たり20g、塩分13％のものを使用。

◦作り方

1　梅干しは果肉を手で細かくちぎり、種を除く。

2　ボウルにトマトと**1**を入れて和え、器に盛ってオリーブ油を回しかける。

梅きゅう

うまみのある特製の梅だれを
たっぷりのせて召しあがれ。

◦材料（2人分）

梅干し＊（p.22）—— 1個

みりん（煮きったもの＊＊）—— 小さじ2

かつお節 —— 3g

きゅうり（長さを半分に切り、縦半分に切る）

　　—— 1本

白いりごま —— 適量

＊1個当たり20g、塩分13％のものを使用。
＊＊耐熱容器に入れ、ラップをかけずに
電子レンジで30〜40秒加熱する。

◦作り方

1　梅干しは果肉を手で細かくちぎり、種を除く。ボウルに入れてみりん、かつお節を加えて混ぜる。

2　きゅうりは断面を上にして器に並べ、**1**を塗っていりごまをふる。

アボカド梅オイル和え

もう一品ほしいとき、栄養補給や彩りにも。
火を使わずに作れる暑い日に便利な副菜です。

○材料（2人分）

梅干し＊(p.22) —— 1個

アボカド（皮と種を除き一口大に切る）

　—— 1個

オリーブ油 —— 大さじ1

しょうゆ —— 小さじ1/2

こしょう —— 適量

＊1個当たり20g、塩分13％のものを使用。

○作り方

1　梅干しは果肉を手で細かくちぎり、種を除く。

2　ボウルにアボカド、**1**、オリーブ油、しょうゆを
　入れて和える。

3　器に盛り、こしょうをふる。

厚揚げ梅みそ焼き

ビールや日本酒と相性抜群。
ちょこちょこつまめるおつまみです。

◦材料（2人分）

梅干し*(p.22) —— 1個

A｜みそ —— 小さじ1/2
　｜みりん —— 小さじ1

厚揚げ —— 1枚(150g)

みょうが(小口切り) —— 1個分

＊1個当たり20g、塩分13％のものを使用。

◦作り方

1 梅干しは種を除いて包丁でたたき、ボウルに入れる。Aを加えて混ぜ合わせ、厚揚げに塗る。

2 アルミホイルを敷いた天板に**1**をのせ、オーブントースターで7〜8分焼く。

3 食べやすい大きさに切って器に盛り、みょうがをのせる。

揚げなすの梅黒酢漬け

フライパンで素揚げしたなすを漬けるだけで
なすはとろ〜り、梅と黒酢がきいたたれがじゅわり。

○材料（作りやすい分量）

梅干し*(p.22) ── 1個

長ねぎ(みじん切り) ── 10cm分

A │ 黒酢 ── 大さじ3
　│ みりん(煮きったもの**) ── 大さじ2
　│ しょうゆ ── 大さじ1と1/2
　│ 赤唐辛子(小口切り) ── 1本分

なす(1.5cm幅の輪切り) ── 4本分

サラダ油 ── 適量

*1個当たり20g、塩分13％のものを使用。
**耐熱容器に入れ、ラップをかけずに
電子レンジで1分ほど加熱する。

○作り方

1 梅干しは果肉を手で細かくちぎり、種は除いて
取っておく。

2 保存容器に長ねぎ、**A**を入れて混ぜ合わせ、**1**の
果肉と種を加える。

3 フライパンにサラダ油を1cm深さに入れ、180℃
に熱する。なすを入れて上下を返しながら、4分
ほど揚げ焼きにして油をきる。

4 熱いうちに**2**に加え、15分ほどおいて器に盛る。

ゴーヤの梅ごま和え

梅干しとたっぷりのごまの風味で
ゴーヤの苦みも楽しめる簡単おつまみです。

○材料（3〜4人分）

ゴーヤ —— 1本

梅干し*(p.22) —— 1個

A｜ しょうゆ、みりん(煮きったもの**)
　　　 —— 各大さじ1/2
　　 ごま油 —— 小さじ1

白すりごま —— 大さじ1

＊1個当たり20g、塩分13%のものを使用。
＊＊耐熱容器に入れ、ラップをかけずに
電子レンジで30〜40秒加熱する。

○作り方

1　ゴーヤは縦半分に切り、ワタを取って横薄切りにする。梅干しは果肉を手で細かくちぎり、種を除く。

2　ボウルにAを入れて混ぜる。

3　鍋にたっぷりの湯を沸かし、塩ひとつまみ（分量外）を加え、1のゴーヤを入れて1分ほどゆでて冷水にとり、水けをしっかり絞る。

4　2に、3、すりごま、1の梅干しを加えて混ぜ合わせ、器に盛る。

梅しらすふりかけ

梅とたっぷりのしらす、青じそで栄養満点！

・材料（作りやすい分量）

梅干し*(p.22) —— 1個

太白ごま油（またはサラダ油） —— 小さじ1

しらす干し —— 30g

白いりごま —— 大さじ1

みりん —— 小さじ1

青じそ（細かくちぎる） —— 10枚

*1個当たり20g、塩分13%のものを使用。

・作り方

1　梅干しは果肉を手で細かくちぎり、種を除く。

2　フライパンに太白ごま油を入れて中火で熱し、しらす干し、いりごまを入れて炒める。みりん、1、青じそを加えてさっと炒める。

3　清潔な保存容器（p.15下参照）に入れて粗熱をとる。

◎冷蔵で3〜4日保存可能。

梅びしお

ごはんのお供や、和えもの、たれにと大活躍です。

・材料（作りやすい分量）

梅干し*(p.22) —— 6個

みりん、酒 —— 各大さじ4

かつお節 —— 3g

*1個当たり20g、塩分13%のものを使用。

・作り方

1　梅干しは果肉を手で細かくちぎり、種は除いて取っておく。

2　小鍋にみりん、酒、1の果肉と種を入れて弱火にかける。混ぜながら7〜8分加熱し、とろみがついたら種を除き、かつお節を加えて混ぜる。

3　清潔な保存容器（p.15下参照）に入れて粗熱をとる。

◎冷蔵で2週間ほど保存可能。

◎ここでは焼きおにぎりにのせて。

鯛の梅酢ちらし寿司

赤梅酢に甘みをつけてすし酢代わりにごはんにまぶすと、
ほんのりピンク色に染まった酢飯になります。
赤いしば漬けと鯛の白身、シンプルでも華やかなちらしに。

○材料（2人分）

A 　**赤梅酢**（p.28）—— 大さじ1
　　砂糖 —— 小さじ1
　　水 —— 小さじ2

温かいごはん —— 1合分（350g）
しば漬け（細かく刻む）—— 30g
鯛（刺し身用／そぎ切りにする）—— 200g
スプラウト —— 適量

○作り方

1　ボウルに**A**を入れて混ぜ、砂糖を溶かす。

2　ごはんに**1**をふりかけ、しゃもじで切るように混ぜて冷ます。

3　器に**2**を盛り、しば漬けを全体に散らし、鯛をのせてスプラウトを散らす。

● 梅酢の使い分けのコツ

赤梅酢（写真右）と白梅酢（写真左）はどちらを使ってもOKですが、色鮮やかに仕上げたかったり、しその風味を加えたい料理には赤梅酢を。反対に素材の色を生かしたかったり、シンプルに仕上げたい料理には白梅酢を使うのがおすすめです。

梅酢セビーチェ

ペルーの伝統料理、魚介のピリ辛マリネを梅酢でアレンジ。
彩りもよくおもてなしにもぴったり。冷やした白ワインとよく合います。

○材料（2人分）
ゆでだこ —— 100g
グレープフルーツ —— 1/2個
ミニトマト（横半分に切る）—— 6個
紫玉ねぎ（縦薄切り）—— 1/4個分
青唐辛子（小口切り）—— 1〜2本分
白梅酢(p.28) —— 大さじ1
オリーブ油 —— 大さじ1

○作り方

1 たこは食べやすい大きさのそぎ切りにする。

2 グレープフルーツは薄皮をむいてほぐし、果汁ごとボウルに入れる。

3 **2**に**1**と残りの材料をすべて入れて混ぜ合わせ、10分ほどおいて味をなじませ、器に盛る。

ささみの梅酢焼き鳥

梅酢に漬けてフライパンで蒸し焼きにすると、
ささみがしっとり、やわらかく仕上がります。

○材料（2人分）

鶏ささみ（筋を取る）—— 4本（200g）

赤梅酢（p.28）—— 大さじ1

サラダ油 —— 小さじ1

酒 —— 大さじ1

柚子こしょう —— 適量

○作り方

1　ささみは長さを4等分に切り、ポリ袋に入れて赤梅酢を加え、袋の上から手で軽くもむ。空気を抜いて袋の口を結び、室温に10分ほどおく。

2　1を竹串に4切れずつ、肉の繊維に逆らうように刺す。

3　フライパンにサラダ油を入れて弱火で熱し、2を並べ入れて2分ほど焼く。上下を返して酒をふり、ふたをして4分ほど蒸し焼きにする。

4　器に盛り、ささみの上に柚子こしょうをのせる。

セロリの梅酢ピクルス

酢の代わりに色鮮やかな赤梅酢を使用。
まろやかな酸味と、梅としその風味で食べやすい味わいです。

◦ 材料（作りやすい分量）

セロリ（1cm幅の斜め切り）—— 1本分（100g）

A 　**赤梅酢**（p.28）—— 大さじ1と1/2
　　みりん —— 大さじ2

◦ 作り方

1　セロリは耐熱のジッパーつき保存袋に入れる。

2　小鍋にAを入れて中火にかけ、煮立ったら1
　　に加える。

3　粗熱がとれたら、空気を抜いて袋の口をしっ
　　かり閉じ、冷蔵庫に入れてひと晩おく。

梅酢ドレッシング

赤梅酢とオイル、はちみつだけで風味豊かなドレッシングに。
シンプルなサラダもごちそうに変わります。

◦材料（作りやすい分量）
赤梅酢(p.28) —— 120mℓ
オリーブ油 —— 大さじ4
はちみつ —— 大さじ1/2

◦作り方
ボウルにすべての材料を入れて泡立て器でしっかりと混ぜる。
◎保存する場合は、清潔な瓶（p.15下参照）に入れ、冷蔵で4～5日保存可能。
◎ここでは水にさらしてざるに上げ、水けをきった玉ねぎのスライス適量とともに。

かぶの梅みそ和え

かぶを切って梅みそで和えるだけ。
しゃくしゃくとした心地よい食感も楽しめます。

◦ 材料（2人分）

かぶ（葉つき）—— 2個（200g）

完熟梅のみそ漬け（p.50）—— 1個

完熟梅のみそ漬けのみそ床（p.50）—— 大さじ2

◦ 作り方

1　かぶは茎を1cmほど残して葉を切り落とし、皮をむいて縦半分に切り、縦薄切りにする。完熟梅のみそ漬けは種を除いて粗く刻む。

2　ポリ袋に1とみそ床を入れて袋の上から手でもみ込み、袋の口を結んで10分おき、器に盛る。

豚肉とピーマンの梅みそ炒め

梅のうまみを移したみそでさっと仕上げるガッツリ系おかず。
ほんのり香る梅でごはんがすすみます。

○材料（2人分）

完熟梅のみそ漬け(p.50) ―― 1個

サラダ油 ―― 小さじ1

玉ねぎ(縦薄切り) ―― 1/2個分

豚バラ薄切り肉(5cm長さに切る) ―― 150g

ピーマン(ヘタと種を除いて乱切り) ―― 3個分

完熟梅のみそ漬けのみそ床(p.50) ―― 大さじ1

しょうゆ ―― 小さじ1

こしょう ―― 適量

○作り方

1 完熟梅のみそ漬けは種を除いて粗く刻む。

2 フライパンにサラダ油を入れて強火で熱し、玉ねぎ、豚肉を入れて炒める。肉の色が変わったらピーマンを加えてさっと炒める。

3 1、みそ床、しょうゆを加えて炒め合わせ、こしょうをふって器に盛る。

青梅のタルタル

青梅のはちみつ漬けをピクルス代わりに使ったヨーグルトタルタル。
アジフライなどの揚げものもさっぱり食べられます。

◦材料（作りやすい分量）

青梅のはちみつ漬け(p.18) —— 40g

ゆで卵(殻をむく) —— 1個

A ヨーグルト(プレーン) —— 大さじ3

　オリーブ油 —— 小さじ1

　塩 —— ひとつまみ

　こしょう —— 少々

玉ねぎ(みじん切り) —— 1/4個分

◦作り方

1　青梅のはちみつ漬けとゆで卵は粗く刻む。

2　ボウルにAを合わせ、1と玉ねぎを入れて混ぜ合わせる。

◎ここではアジフライにかけて。チキンカツなど好みのフライでOK。

◎サラダのドレッシングやゆで野菜のディップにしても。

モロヘイヤと青梅のそうめん

夏が旬のモロヘイヤと青梅で、ねばねば＆パリパリ。
そうめんを合わせると、夏のエネルギー補給にぴったりです。

◦材料（2人分）

モロヘイヤ —— 1束（100g）

青梅のはちみつ漬け（p.18）—— 40g

A｜めんつゆ*（3倍濃縮）—— 大さじ2
　｜水 —— 3/4カップ

そうめん —— 3束

＊青梅の種のめんつゆ（p.21）を使用してもOK。
その場合Aは、青梅の種のめんつゆ大さじ5と
水1/2カップにする。

◦作り方

1 モロヘイヤは茎と葉に分ける。

2 鍋に湯を沸かし、塩少々（分量外）を入れて**1**の
茎を入れる。1分たったら葉を加え、10〜20秒
ゆでて冷水にさらし、ざるに上げる。ペーパータ
オルで水けをしっかりと絞り、1cm幅に切る。

3 青梅のはちみつ漬けは粗く刻み、ボウルに入れて
2、**A**を加えて混ぜる。

4 そうめんは袋の表示どおりにゆで、冷水でもみ洗
いをしてざるに上げ、水けをしっかりきる。器に
盛り、**3**をかけて和えながら食べる。

梅シロップシャーベット

加えるのは少量の水だけ。
梅の味をしっかり感じられるぜいたくな味わいです。

◦材料（2人分）

ベーシックな梅シロップの梅(p.38) —— 4個

ベーシックな梅シロップ(p.38) —— 1/2 カップ

水 —— 大さじ3

ミントの葉 —— 少々

◦作り方

1 梅シロップの梅は、種を除いて粗く刻む。

2 ジッパーつき保存袋に梅シロップ、分量の水、**1** を入れて混ぜる。袋の空気を抜いて口を閉じ、バットなどにのせて冷凍庫に入れ、3〜4時間凍らせる。途中1〜2時間たったら、袋の上から手でもんでほぐす。

3 食べるときはスプーンなどでほぐして器に盛り、ミントの葉をのせる。

梅シロップあんみつ

寒天にあえて甘みをつけずに、
梅シロップの甘ずっぱさを主役にしています。

◦材料（2人分）

粉寒天 —— 2g
水 —— 1と1/4カップ
白玉粉 —— 50g
水 —— 1/4カップ
マスカット（薄切り）—— 6粒分
ベーシックな梅シロップ（p.38）—— 適量
つぶあん（市販）—— 適量

◦作り方

1 小鍋に粉寒天と分量の水を入れ、混ぜながら中火にかける。沸騰したら弱めの中火にしてさらに混ぜながら2分ほど加熱し、水でぬらしたバットに流し入れる。粗熱がとれたら冷蔵庫に入れて30分ほど冷やし固め、1.5cm角に切る。

2 ボウルに白玉粉を入れ、分量の水を大さじ1くらい残して加え、混ぜる。残りの水を少しずつ加えながら混ぜ、しっとりしたら8等分して丸め、指で軽くつぶす。

3 鍋にたっぷりの湯を沸かし、**2**を入れて白玉を鍋底からはがすように1回混ぜ、2～3分中火でゆでる。白玉が浮いてきたら1分ゆでて氷水にとってぬめりを洗い、ざるに上げる。

4 器に**1**と**3**を盛り、マスカットを散らして梅シロップをかけ、つぶあんをのせる。

青梅ラッシー

混ぜるだけのお手軽おやつ。
牛乳を加えると梅のクエン酸の働きでラッシー風に。

◦材料（2人分）

青梅の甘露煮(p.40) —— 2個

青梅の甘露煮のシロップ(p.40) —— 1カップ

牛乳 —— 1/2カップ

◦作り方

1　青梅の甘露煮は種を取り除いて包丁
　でたたき、グラスに均等に入れる。

2　青梅の甘露煮のシロップ、牛乳を注
　ぎ入れ、よく混ぜて飲む。

青梅ゼリー

青梅の甘露煮をぷるるんゼリーで閉じ込めた
味も見た目も涼やかなデザートです。

◦材料（容量200mlのグラス4個分）

粉ゼラチン —— 8g

青梅の甘露煮のシロップ（p.40）—— 2カップ

水 —— 1/2カップ

青梅の甘露煮（p.40）—— 4個

◦作り方

1 ボウルに粉ゼラチンを入れて水小さじ4（分量外）をかけてふやかす。

2 ホーローまたはステンレスの鍋に、青梅の甘露煮のシロップを入れて中火にかける。沸騰直前に火を止めて1を加え、しっかり混ぜて溶かす。分量の水を加えて混ぜ、粗熱をとる。

3 グラスに青梅の甘露煮を入れ、2を均等に注ぎ入れる。冷蔵庫に入れて3〜4時間冷やし固める。

梅ジャムチーズケーキ

生地に梅ジャムを混ぜ込んで焼くことで
甘ずっぱい梅ジャムの味わいがほどよく感じられる、
風味豊かなチーズケーキに仕上がります。

。材料（直径15cmの丸型 1台分）

クリームチーズ —— 200g

グラニュー糖 —— 50g

生クリーム —— 70ml

卵 —— 1個

すっぱい梅ジャム(p.44) —— 70g

薄力粉 —— 大さじ2

。下準備

・梅ジャム、クリームチーズ、
　卵は室温に戻し、卵は溶きほぐす。

・オーブンシートを型の底面、
　側面に合わせて切り、型にセットする。

・オーブンは180℃に予熱する。

。作り方

1　ボウルにクリームチーズを入れ、ゴムべらでなめ
　　らかになるまで混ぜ、グラニュー糖を加えてすり
　　混ぜる。

2　生クリーム、溶きほぐした卵、梅ジャムをそれぞ
　　れ少しずつ加え、そのつど泡立て器で静かに混ぜ
　　てなじませる。

3　なめらかになったら薄力粉をふるい入れ、ゴムべ
　　らで粉けがなくなるまで静かに混ぜる。

4　型に流し入れ、3cmほどの高さから型を数回落と
　　して空気を抜く。

5　予熱したオーブンで50分ほど焼く。途中、天板
　　の前後を入れ替え、焼き色を均一につける。

6　オーブンから取り出して粗熱をとり、ラップをか
　　けて冷蔵庫に入れ、ひと晩冷やす。冷蔵庫から出
　　して型をはずし、食べやすく切って盛る。

◎ここでは好みで水きりヨーグルトと梅ジャム各適量を添
　えて。

梅ジャムアイス

梅ジャムとバニラアイスを混ぜて凍らせるだけで
ミルキーでリッチな味わいに変わります。

◦材料（2人分）

好みのバニラアイス —— 2個（280㎖）

すっぱい梅ジャム(p.44) —— 大さじ4

◦作り方

1 ボウルにバニラアイスを入れてスプーンなどで練
り混ぜ、梅ジャムを加えてさっくりと混ぜる。

2 ラップをかけて冷凍庫に入れ、1〜2時間凍らせる。

梅ジャムとクリームチーズの
ビスケットサンド

食べたいときにぱぱっと作れる梅おやつ。
すっぱ甘くてクリーミー、ティータイムにおすすめです。

◦材料（2人分）
好みのビスケット —— 8枚
クリームチーズ —— 大さじ3〜4
すっぱい梅ジャム(p.44) —— 小さじ2

◦作り方
ビスケット4枚にクリームチーズ、梅ジャムをそれぞれ1/4量ずつのせ、残りのビスケットでサンドする。

おわりに

「食べきれなかったら……」「手がかかって難しそう……」「専用の道具をそろえなきゃ……」
そんな不安が先立って、梅仕事にトライしてみたいけれど
なかなか手を出せない、という方も多いですよね。
そういう声を聞いて、はじめてでもお試し感覚で気軽にできる梅仕事のレシピが作れたらと、
試行錯誤して考えたレシピをサイトなどで紹介するようになりました。

すると、たくさんの方から「手軽で私でも作れました」「はじめて仕込んでおいしくできました!」
そんな声をいただくようになり、いつか大好きな梅仕事を
大好きな本という形にしたいなと、考えはじめました。

そんなとき、ご縁があって今まで大切にしてきた梅仕事を
一冊の本にまとめられることになったのが本書です。本当にありがたいです。

もう1つ、今回の梅仕事はちょっと特別なものになりました。
お腹に新しい命が宿って梅のシーズンを迎えたのです。
つわりで食欲が出ないとき、立ち仕事で疲れたときなど、
梅干しや梅シロップなどに大変助けられ、改めて、自分の中で梅への愛情が深まっていきました。
この子も梅好きになるかな……。

季節や旬を閉じ込める手仕事では、同時にそのときどきの記憶も閉じ込められます。
梅愛を込めて大切に育んだ梅仕事は、瓶のふたをあけるとそのときの光景が鮮やかに蘇ってきますから、
今回の仕上がりはことさら心待ちにしていました。

最後に、私の梅仕事に対する想いをていねいに聴き取って
私らしい本に仕上げてくださった編集の若名さん、ライターの岩越さん。
わかりやすく、そして上品なデザインに仕上げてくださったデザイナーの川添さん。
きれいな瓶や器で、梅仕事や梅料理の魅力を引き出してくださったスタイリストの竹内さん。
梅の写真や料理とともに私の梅愛を素敵な写真で表現してくださったフォトグラファーの宮濱さん。
仕込みが多い撮影の中、細やかな調理サポートをしてくださったアシスタントの華さん。
そして、一番近くで見守ってくれていた夫。
関わってくださったすべての皆さま、何より、この本を手に取ってくださった皆さまに、
心からお礼申し上げます。

榎本美沙

榎本美沙　Misa Enomoto

料理家・発酵マイスター。
夫婦で一緒に料理を作るレシピサイト「ふたりごはん」を運営し、
YouTube や Instagram では、季節の料理や発酵食品が身近に感じられるレシピを提案する。
体にやさしいおいしい料理とシンプルな調理法が好評で、
テレビや雑誌、書籍へのレシピ提供、イベント出演なども多数。
近著に『今すぐ始められる、毎日続けられる。ゆる発酵』(オレンジページ)、
『からだが整う〝ひと晩発酵みそ〟』(主婦と生活社)など。

・YouTube　榎本美沙の季節料理
・Instagram　@misa_enomoto
・HP「ふたりごはん」　https://www.futari-gohan.jp

ちょこっとから楽しむ
はじめての梅仕事

2023年5月10日　初版第1刷発行
2023年6月10日　初版第2刷発行

著者　　榎本美沙

発行人　　川崎深雪
発行所　　株式会社　山と渓谷社
　　　　　〒101-0051
　　　　　東京都千代田区神田神保町1丁目105番地
　　　　　https://www.yamakei.co.jp/
印刷・製本　図書印刷株式会社

撮影／宮濱祐美子
デザイン／川添 藍
スタイリング／竹内万貴
校正・DTP ／かんがり舎
調理アシスト／深瀬華江
プリンティングディレクション／栗原哲朗(図書印刷)
編集／岩越千帆
　　　若名佳世(山と渓谷社)

●乱丁・落丁、及び内容に関するお問合せ先
　山と渓谷社自動応答サービス　TEL.03-6744-1900
　受付時間／11:00 - 16:00（土日、祝日を除く）
　メールもご利用ください。
　【乱丁・落丁】service@yamakei.co.jp
　【内容】info@yamakei.co.jp
●書店・取次様からのご注文先
　山と渓谷社受注センター
　TEL.048-458-3455　FAX.048-421-0513
●書店・取次様からのご注文以外のお問合せ先
　eigyo@yamakei.co.jp

定価はカバーに表示してあります
落丁・乱丁本は送料小社負担でお取り替えいたします
禁無断複写・転載

©2023 Misa Enomoto　All rights reserved.
Printed in Japan
ISBN978-4-635-45064-5